18.1.15

Liebe Birgit & Lieber Matthias,

Wir möchten euch heute ein kleines Grüßchen zukommen Lassen und wünschen euch, dass dieses Büchchen in der Zeit der Trauer, eurer Wut und Verzweiflung, euch ein wenig Trost und Hoffnung geben kann und die Gewissheit, dass unser Vater im Himmel euch sieht und gerade jetzt da ist, euch in seine Arme nimmt und euch sagt, wie sehr er bei euch ist. Möget ihr in den nächsten Monaten und Wochen Heilung und Genesung auch an Seele un[illegible]

Möge die Dankbarkeit eure [illegible] in eine stille Freude verwand[illegible] das vergangene Schöne nicht wie einen Stachel, sondern wie ein kostbares Geschenk in euch tragen könnt. In ♡-licher Verbundenheit eure

Nadine & Matthze

SCM

Stiftung Christliche Medien

Internet: www.scm-collection.de; E-Mail: info@scm-collection.de

Die Sätze aus Psalm 23 sind angelehnt an die Formulierung folgender Bibelausgabe:
Lutherbibel, revidierter Text 1984, durchgesehene Ausgabe in neuer Rechtschreibung 2006, © 1999 Deutsche Bibelgesellschaft, Stuttgart

Die Bilder in der Reihenfolge ihres Erscheinens: wavebreakmedia/Shutterstock, foto-aldente/Fotolia, Nailia Schwarz/Fotolia, Janni/Fotolia, INFINITY/Fotolia, pioregur/Fotolia, diediechen/Fotolia, gudrun/Fotolia, danielschoenen/Fotolia, SoulAD/Fotolia, Zacarias de Mata/Fotolia, Khorzhevska/Fotolia, silver-john/Fotolia, Jens Ottoson/Fotolia, Trevor Slauenwhite/Fotolia, Ella/Fotolia, sarsmis/Fotolia, riccardo bruni/Fotolia, Jeannette Dietl/Fotolia, FOOD-images/Fotolia, Leonid Tit/Fotolia, PHB.cz/Fotolia, S. Schuldis/Fotolia, Jeanette Dietl/Fotolia, Volker Z/Fotolia, Diana Kosaric/Fotolia
Titelbild: RalfenByte/Fotolia
Hintergrundmuster: judlelee/Fotolia

Gesamtgestaltung: Guido Apel, Bamberg, www.guidoapel.de
Druck und Bindung: Druckerei Theiss GmbH, www.theiss.at
Gedruckt in Österreich
ISBN 978-3-7893-9570-3
Bestell-Nr. 629.570

Ruth Heil

In seinen Händen geborgen

Ein Gruß zur Genesung

Edition johannis

SCM Collection

Vorwort

Vor einer Woche wurde ich aus dem Krankenhaus entlassen. Es war eine schwere Zeit. Schmerzen quälten mich. Besonders schwer waren die Nächte zu ertragen. Die Diagnose war ungewiss. Oft fühlte ich das Ausgeliefertsein an Ärzte, Schwestern, Apparate.
Immer noch bin ich schwach. Trotzdem spüre ich – mitten in dieser Zeit, die sich kein Mensch so wünscht und aussucht – neu die Heimsuchung Gottes. Er sucht mich. Er nimmt mich heraus aus dem Alltag, um mit mir zu reden. Neu bin ich auf ihn geworfen. Dabei habe ich den Trost von Psalm 23 wieder entdeckt.

Ruth Heil

Der Herr ist mein Hirte,

auch und gerade jetzt,
da mein Leben durchkreuzt ist
von Krankheit.
Der Herr,
der mich erschaffen hat
und von Ewigkeit her liebt,
ist mein Hirte,
der sich um das Kranke und Verletzte kümmert.
Ich werfe mich in deine Arme, Herr,
und bitte dich herzlich: Trag mich jetzt!
Ich schaffe es nicht allein.

Herr, ich berge mich bei dir
wie ein verletztes Schaf
auf dem Arm des Schäfers.
Danke, dass du mein Hirte bist.

Mir wird nichts mangeln

Mir mangelt viel!
Zuvor habe ich diesen Mangel
nicht einmal gespürt.
Jetzt, mitten in den Schmerzen,
entdecke ich,
was Gesundheit bedeutet.
Er weist mich liebevoll
auf einen noch tieferen Mangel hin,
den Mangel an Begegnung mit ihm.
Er will neu mit mir sprechen.

Er weidet mich auf einer grünen Aue

Noch kann ich sie nicht entdecken.
Was ich spüre, ist Ausgetrocknetsein,
Verzweiflung und Isolation vom Leben.
Aber war das vorher wirklich Leben?
War es nicht Hetze und Stress,
Oberflächlichkeit und Äußerlichkeiten?
Jetzt will er mich weiden.
Er nimmt mich an der Hand,
zeigt mir die grüne Aue
auf eine so andere Weise,
als ich bisher dachte.

Er führet mich zum frischen Wasser

Er führt, nicht ich!
Jetzt geht es, wie er will.
Er führt mich.
So wichtig bin ich für ihn,
dass er mich jetzt hört.
Er gibt mich nicht auf,
obwohl er mir schon lange
nicht mehr in mein Leben hineinreden durfte.
Zum frischen Wasser
geht sein Weg mit mir,
mitten durch Wüste.

Er erquicket meine Seele

Ist es nicht ein Hohn,
dies in der Krankheit zu behaupten?
Nein, es ist so:
Mitten in der Ausweglosigkeit
nimmt er Wohnung in mir.
Mitten in der Verzweiflung rufe ich zum Herrn:
Lass mich jetzt nicht an dir irre werden.
Paradox: Der Schmerz, den ich fühle,
soll mir zum Heil werden.
Noch fühle ich nichts.
Und doch ist er am Werk.

Er führet mich auf rechter Straße

Vielleicht ist dies das Schwerste:
die Frage, ob diese Krankheit
die rechte Straße sein kann.
Kann ich ihm jetzt auch vertrauen,
wenn dieser Weg über Grenzen geht,
die ich nicht kenne?
Weiß er, wie ich leide?
Kennt er das Maß, das ich tragen kann?
Er führet mich auf rechter Straße
um seines Namens willen.
Sein Name trägt das Siegel der Liebe.

Und ob ich schon wanderte im Tal der Todesschatten …

Dieser Ausspruch macht mir Angst.
Ist es schon so weit,
dass ich Abschied nehmen soll?
Herr, mir ist bange. So mutig bin ich nicht!
Dieses Tal ist sehr dunkel.
Ich spüre, dass ich da alleine hindurchmuss.
Entsetzen packt mich.
Niemand wird mich begleiten,
auch nicht der liebste Mensch.
Herr, hilf mir!

… fürchte ich kein Unglück

Kann das irgendein Mensch behaupten?
Ich fürchte kein Unglück.
Das kann nur einer sagen,
der felsenfest weiß:
Was mit mir geschieht, ist niemals Zufall.
Ich verstehe zwar vieles nicht,
aber ich habe absolutes Vertrauen
in den, der mich führt.
Seine Liebe hat mich überwältigt
und mich davon überzeugt,
ihm in jeder Situation – und sei es der Tod –
meine Hand zu geben.

Vater im Himmel,
ich kann dich nicht verstehen.
Aber ich will dir trotzdem vertrauen,
dass du es gut mit mir meinst.

Denn du bist bei mir

Gibt es einen größeren Trost?
Du bist bei mir,
wenn ich auf das Ergebnis
der Untersuchung warte.
Du hältst meine Hand,
wenn niemand zu Besuch kommt.
Du bist da,
wenn ich in der Nacht wach liege
und die Zeiger der Uhr ticken höre.
Du sitzt an meinem Bett,
wenn ich weine, weil alles so schwer ist.

Dein Stecken und Stab trösten mich

In der Dunkelheit kann ich dich nicht sehen.
Deshalb erinnerst du mich an dein Wort.
Bibelverse fallen mir ein,
sind mir Stecken und Stab.
Ich kann mich an ihnen aufrichten.
Wie kleine Lichter fallen sie
in meine Erinnerung.
Deinen Stecken und Stab
bringst du mir auch durch Menschen,
die mir ihr Mitgefühl zeigen.
Du tröstest mich durch sie.

Du bereitest vor mir einen Tisch im Angesicht meiner Feinde

Ein gedeckter Tisch
im Angesicht von Schmerzen und Begrenzung,
bereitet von dir persönlich, Herr.
Trotz meiner Feinde, die mich bei Tag und Nacht peinigen,
wirst du mir auf einmal groß.
Ich entdecke Kostbarkeiten,
die so lange auf meinem Speisezettel fehlten:
die Stille von dir, das Hören auf dich,
das Reden mit dir, das Ruhen in dir.

Du salbest mein Haupt mit Öl

Gesalbt werden Priester und Könige.
Bin ich dir so viel wert, Herr?
Ja, ich weiß es:
Dir bin ich kostbar wie dein einziger Sohn.
Für mich gabst du sein Leben hin.
So einzigartig bin ich für dich.
Du salbst mich,
weil ich dir auch dann wertvoll bin,
wenn ich krank bin.
Dir bin ich wichtig,
auch wenn ich nichts leisten kann.

Und schenkst mir voll ein!

Herr, ich habe Angst davor,
wie es mit mir weitergehen wird.
Doch du versprichst,
mir voll einzuschenken,
trotz meiner Krankheit
und der Unsicherheit ihres Ausgangs.
Mir wäre ein Gesundheitszeugnis lieber.
Doch auf dein Wort hin
will ich es zulassen, dir zu glauben –
auch wider alle Vernunft:
Du schenkst mir voll ein.

Gutes und Barmherzigkeit werden mir folgen mein Leben lang

Noch verstehe ich nicht,
was diese Krankheit an Gutem bringen soll.
Was willst du mir damit sagen, Herr?
Das Gute darin ist vor meinen Augen verborgen.
Und in den Schmerzen
verhüllst du deine Barmherzigkeit vor mir.
Trotzdem will ich es im Glauben fassen,
dass mir deine Barmherzigkeit folgt.
Es wird der Tag kommen,
da ich nichts mehr fragen werde.

Und ich werde heimkehren ins Haus des Herrn für immer

Heimkehren ist der Inbegriff von Freude.
Es ist der Jubel, wiederzusehen,
was man lange vermisst hat.
Heimkehren heißt:
erwartet werden, willkommen sein,
in offene Arme laufen,
sich die Tränen trocknen lassen,
angenommen sein und verstanden werden.
Heimkehren heißt:
dort ankommen,
wonach sich das Herz so lange sehnte.

Herr Jesus Christus,
du bist der gute Hirte.
Ich fasse deine Hand.
Du hast gesagt,
dass du an jedem Tag
bei mir sein wirst.

Ich wünsche dir,

dass die Sehnsucht,
endlich nach Hause zu dürfen,
bald in Erfüllung gehen wird
und du deinen Platz wieder einnehmen darfst
an dem Tisch deines Hauses.

Ich wünsche dir,
dass du mehr und mehr
deine alten Kräfte wiederkommen fühlst
und du dich ohne Schmerzen
zum Schlaf niederlegen darfst
und den neuen Tag froh begrüßen kannst.

Aber ich wünsche dir ebenso,

dass die wiederkehrende Gesundheit
nicht verdrängen darf,
was die Krankheit dich lehrte:
Der Herr ist mein Hirte.
Ich wünsche dir,
dass die Sehnsucht nach Gott
und nach seinem Hause
so lebendig bleibt,
dass das Heimweh nach ihm
nie aufhören möge.

Vater im Himmel, sei du mein Hirte!

Lass diese Krankheitszeit dazu führen,
dass ich dich neu finde.
Decke auf, wo unerkannte Schuld
mein Leben blockieren will,
und führe mich zur Buße.
Zeige mir, wo sich Bitterkeit breitgemacht hat,
und gib mir Kraft zu vergeben.
Öffne mir die Augen,
die anderen und mich selbst
in deinem Licht zu sehen.
An deiner Hand wage ich es,
getrost und getröstet in die Zukunft zu schauen.